CUARESMA *con el* PAPA FRANCISCO

REFLEXIONES Y ORACIONES
PARA CADA DÍA

Editado por Donna Giaimo, FSP

Paulinas
Boston

Library of Congress Control Number: 2017938274
Los datos CIP está disponible.

ISBN 10: 0-8198-1665-5
ISBN 13: 978-0-8198-4572-6

A menos que se indique al contrario, las citas bíblicas contenidas en esto documento se toman directamente de las obras del Papa Francisco.

Compilado con preguntas para reflexión y oraciones por las Hijas de San Pablo.

Diseño por Rosana Usselmann.

Traducido por las Hijas de San Pablo.

Corregido por María del Rocío Contreras Cruz.

Publicado por Pauline Books & Media, 50 Saint Paul's Avenue, Boston, MA 02130-3491

Impreso en México.

www.pauline.org

Pauline Books & Media es la casa editorial de las Hijas de San Pablo, una congregación internacional de religiosas que sirven a la Iglesia con los medios de la comunicación social.

1 2 3 4 5 6 7 8 9 21 20 19 18 17

Camino de conversión

Miércoles de Ceniza

Creando algo nuevo

Pero ahora —oráculo del Señor —,
conviértanse a mí de todo corazón,
con ayuno, con llanto, con luto.
Rasguen los corazones
y no los vestidos. . .

Joel 2:12–13

Con estas penetrantes palabras del profeta Joel, la liturgia nos introduce hoy en la Cuaresma, indicando en la conversión del corazón la característica de este tiempo de gracia. El llamamiento profético constituye un desafío para todos nosotros, ninguno excluido, y nos recuerda que la conversión no se reduce a formas exteriores o a vagos propósitos, sino que implica y transforma toda la existencia a partir del centro de la persona, desde la conciencia. . .

Con sus invitaciones a la conversión, la Cuaresma viene providencialmente a despertarnos, a sacudirnos del torpor, del riesgo de seguir adelante por inercia [...] ¿Por qué debemos volver a Dios? Porque algo no está bien en nosotros, no está bien en la sociedad, en la Iglesia, y necesitamos cambiar, dar un viraj [...] Una vez más la Cuaresma nos dirige su llamamiento profético, para recordarnos que es posible realizar algo nuevo en nosotros mismos y a nuestro alrededor, sencillamente porque Dios es fiel, es siempre fiel, porque no puede negarse a sí mismo, sigue siendo rico en bondad y misericordia, y está siempre dispuesto a perdonar y recomenzar de nuevo.

Homilía, 5 de marzo de 2014

Reflexión

¿En cuáles áreas de mi vida siento más mi necesidad de conversión?

Oración

Señor, ayúdame a abrir el corazón a ti y a mis hermanos y hermanas durante esta Cuaresma. Despiértanos a la gracia que nos quieres dar en este tiempo santo.

Jueves, después del Miércoles de Ceniza

Sumergiéndonos en el amor inmenso de Dios

Gusten y vean qué bueno es el Señor:
¡Feliz quien se refugia en él! [...]
El Señor está cerca de los que sufren
y salva a los que desfallecen.

Salmo 34:9, 19

El primer elemento [de nuestro camino cuaresmal] es la oración. La oración es la fuerza del cristiano y de cada persona creyente. En la debilidad y en la fragilidad de nuestra vida, podemos dirigirnos a Dios con confianza de hijos y entrar en comunión con Él. Ante tantas heridas que nos hacen daño y que nos podrían endurecer el corazón, estamos llamados a sumergirnos en el mar de la oración, que es el mar inmenso de Dios, para gustar su ternura. La Cuaresma es tiempo de oración, de una oración más intensa, más prolongada, más asidua, más capaz de hacerse cargo de las necesidades de los hermanos; oración de intercesión, para interceder ante Dios por tantas situaciones de pobreza y sufrimiento.

Homilía, 5 de marzo de 2014

Reflexión

¿Cuánto tiempo puedo dedicar a la oración esta Cuaresma? Cuando entro a la presencia de Dios, ¿traigo las intenciones de los demás conmigo? ¿Estoy dispuesto a rezar por todos que sufren?

Oración

Padre, quiero aprovechar esta temporada santa para crecer en mi relación contigo. Permite que yo pueda ser más fiel a los tiempos de oración. Quiero sentir tu ternura y recordar, rogar no solamente por mis necesidades, sino también por los de mis hermanos y hermanas.

Viernes después del Miércoles de Ceniza

Ayuno para los demás

El ayuno que yo quiero es éste:
abrir las prisiones injustas,
hacer saltar los cerrojos de los cepos,
dejar libres a los oprimidos,
romper todos los cepos. . .

Isaías 58:6

El segundo elemento significativo del camino cuaresmal es el ayuno. Debemos estar atentos a no practicar un ayuno formal, o que en verdad nos "sacia" porque nos hace sentir satisfechos. El ayuno tiene sentido si verdaderamente menoscaba nuestra seguridad, e incluso si de ello se deriva un beneficio para los demás, si nos ayuda a cultivar el estilo del Buen Samaritano, que se inclina sobre el hermano en dificultad y se ocupa de él. El ayuno comporta la elección de una vida sobria, en su estilo; una vida que no derrocha, una vida que no "descarta". Ayunar nos ayuda a entrenar el corazón en la esencialidad y en el compartir. Es un signo de toma de conciencia y de responsabilidad ante las injusticias, los atropellos, especialmente respecto a los pobres y los pequeños, y es signo de la confianza que ponemos en Dios y en su providencia.

Homilía, 5 de marzo de 2014

Reflexión

¿Cómo puede mi ayuno beneficiar a los demás? ¿De cuáles maneras concretas puedo imitar al Buen Samaritano?

Oración

Señor Jesús, tú conoces a la naturaleza humana, sabes que tenemos una tenencia a satisfacernos, aun cuando estamos involucrados en actividades "religiosas". Ayúdame a aceptar el reto que diste en la parábola del Buen Samaritano; a dejar mi conveniencia y ser un vecino verdadero a los necesitados.

Sábado, después del Miércoles de Ceniza

Dando sin medida

"Cuando tú hagas limosna, no sepa tu mano izquierda lo que hace tu derecha; de ese modo tu limosna quedará escondida, y tu Padre, que ve en lo escondido, te lo pagará [...] No acumulen tesoros en la tierra, [sino] en el cielo. . ."

Mateo 6:3–4, 19–20

El tercer elemento [del camino cuaresmal] es la limosna: ella indica la gratuidad, porque en la limosna se da a alguien de quien no se espera recibir algo a cambio. La gratuidad debería ser una de las características del cristiano, que, consciente de haber recibido todo de Dios gratuitamente, es decir, sin mérito alguno, aprende a donar a los demás gratuitamente. Hoy, a menudo, la gratuidad no forma parte de la vida cotidiana, donde todo se vende y se compra. Todo es cálculo y medida. La limosna nos ayuda a vivir la gratuidad del don, que es libertad de la obsesión del poseer, del miedo a perder lo que se tiene, de la tristeza de quien no quiere compartir con los demás el propio bienestar.

Homilía, 5 de marzo de 2014

Reflexión

¿Estoy muy apegado a mis posesiones? ¿Reconozco que todo lo que tengo lo he recibido de Dios? ¿Cómo afecta este reconocimiento mi actitud a dar limosna?

Oración

Ayúdame, Señor, a liberarme de cosas materiales. Dame un espíritu generoso y un deseo de compartir con los demás sin calcular el costo personal.

1ª SEMANA

Tentación y pecado

Las tres tentaciones

Jesús, lleno de Espíritu Santo, se alejó del Jordán y se dejó llevar por el Espíritu al desierto, donde permaneció cuarenta días, siendo tentado por el Diablo.

Lucas 4:1–2

El Evangelio del primer domingo de Cuaresma presenta cada año el episodio de las tentaciones de Jesús, cuando el Espíritu Santo, que descendió sobre Él después del bautismo en el Jordán, lo llevó a afrontar abiertamente a Satanás en el desierto, durante cuarenta días, antes de iniciar su misión pública.

El tentador busca apartar a Jesús del proyecto del Padre, o sea, de la senda del sacrificio, del amor que se ofrece a sí mismo en expiación, para hacerle seguir un camino fácil, de éxito y de poder. El duelo entre Jesús y Satanás tiene lugar a golpes de citas de la Sagrada

Escritura. El diablo, en efecto, para apartar a Jesús del camino de la cruz, le hace presente las falsas esperanzas mesiánicas: el bienestar económico, indicado por la posibilidad de convertir las piedras en pan; el estilo espectacular y milagrero, con la idea de tirarse desde el punto más alto del templo de Jerusalén y hacer que los ángeles le salven; y, por último, el atajo del poder y del dominio, a cambio de un acto de adoración a Satanás. Son los tres grupos de tentaciones: también nosotros los conocemos bien.

Ángelus, 9 de marzo de 2014

Reflexión

¿Cómo las tres tentaciones de Jesús, en el Evangelio, se manifiestan en mi vida?

Oración

Jesús, el atractivo del pecado frecuentemente se esconde en satisfacciones y actividades legítimas. Ábrenos los ojos a las tentaciones del pecado y egoísmo que nos consigan, y guíanos a escoger y actuar con sabiduría.

Buscando refugio en la Palabra de Dios

Entonces Jesús le replicó:
–¡Aléjate, Satanás! Que está escrito:
Al Señor tu Dios adorarás,
a él sólo darás culto.

Mateo 4:10

Mirad bien cómo responde Jesús [al tentador]. Él no dialoga con Satanás, como había hecho Eva en el paraíso terrenal. Jesús sabe bien que con Satanás no se puede dialogar, porque es muy astut [...] Acordémonos de esto: en el momento de la tentación, de nuestras tentaciones, nada de diálogo con Satanás, sino siempre defendidos por la Palabra de Dios. Y esto nos salvará. En sus respuestas a Satanás, el Señor, usando la Palabra de Dios, nos recuerda, ante todo, que "no sólo de pan vive el hombre, sino de toda palabra que sale de la boca de Dios"

(Mt 4:4; cf. Dt 8:3); y esto nos da fuerza, nos sostiene en la lucha contra la mentalidad mundana que abaja al hombre al nivel de las necesidades primarias, haciéndole perder el hambre de lo que es verdadero, bueno y bello, el hambre de Dios y de su amor. . .

Estas palabras de Jesús encontrarán luego confirmación concreta en sus acciones. Su fidelidad absoluta al designio de amor del Padre lo conducirá, después de casi tres años, a la rendición final de cuentas con el "príncipe de este mundo" (Jn 16:11), en la hora de la pasión y de la cruz, y allí Jesús reconducirá su victoria definitiva, la victoria del amor.

Ángelus, 9 de marzo de 2014

Reflexión

¿Qué lugar tiene la palabra de Dios en mi vida?

Oración

Jesús, ayúdame a apoyarme en tu palabra, en cada hora de mi vida, especialmente, en la oscuridad de tentación.

Descubriendo nuestra hipocresía

No por méritos que hubiéramos adquirido, sino por su sola misericordia, nos salvó con el baño del nuevo nacimiento y la renovación por el Espíritu Santo.

Tito 3:5

¿Qué hacen los hipócritas? Se maquillan. Se maquillan de buenos. Ponen cara de estampa, rezan mirando al cielo, haciéndose ver [...] Y presumen de ser buenos católicos porque tienen conocidos entre bienhechores, obispos y cardenales.

Esto es la hipocresía. Y el Señor dice "no" porque nadie debe sentirse justo por su juicio personal. Todos necesitamos ser justificados y el único que nos justifica es Jesucristo.

La Cuaresma sirve para cambiar nuestra vida, para ajustar la vida, para acercarnos al Señor. Mientras que la hipocresía es el signo de que estamos lejos del Señor. El hipócrita se salva por sí mismo, al menos así piensa [...] Pero la señal de que estamos con Jesús es precisamente esta: atender a los hermanos, a los pobres, a los enfermos como el Señor nos enseña en el Evangelio.

Meditación, 18 de marzo de 2014

Reflexión

¿Cómo me justifico?

Oración

Mi Dios, sólo con tu gracia puedo vivir con sinceridad y en la verdad. Conviérteme de cualquier tendencia a la hipocresía, e inspírame a ser más interesado en las necesidades de los demás.

Resistiendo tentación

El sumo sacerdote que tenemos no es insensible a nuestra debilidad, ya que, como nosotros, ha sido probado en todo excepto el pecado.

Hebreos 4:15

Jesús luchó con el demonio que lo tentó muchas veces [...] También nosotros somos tentados, también nosotros somos objeto del ataque del demonio. Esto sucede porque el espíritu del mal no quiere nuestra santidad, no quiere el testimonio cristiano, no quiere que seamos discípulos de Jesús. Pero, ¿cómo hace el espíritu del mal para alejarnos del camino de Jesús con su tentación? La tentación del demonio tiene tres característica [...] Ante todo la tentación comienza levemente pero crece, siempre crece. Luego contagia a otro: se transmite a otro, trata de ser comunitaria. Y al final, para tranquilizar el alma, se justifica. De este modo las cara-cterísticas de la tentación se expresan en tres palabras: crece, se contagia y se justifica. . .

Todos somos tentados porque la ley de nuestra vida espiritual, de nuestra vida cristiana, es una lucha. Y lo es en consecuencia del hecho que el príncipe de este mundo no quiere nuestra santidad, no quiere que sigamos a Cristo. . .

El diablo existe también en el siglo XXI y debemos aprender del Evangelio cómo luchar contra él para no caer en la trampa.

Meditación, 11 de abril de 2014

Reflexión

¿Cuáles tentaciones recurrentes permito que me distraen del camino de Dios?

Oración

Dios mío, cuando las tentaciones vienen, dame la fuerza de voltearme a ti.

Aceptando nuestros pecados

Así que muy a gusto me gloriaré de mis debilidades, para que se aloje en mí el poder de Cristo.

2 Corintios 12:9

Adán, después del pecado, sintió vergüenza, se ve desnudo, siente el peso de lo que ha hecho; y sin embargo Dios no lo abandona: si en ese momento, con el pecado, inicia nuestro exilio de Dios, hay ya una promesa de vuelta, la posibilidad de volver a Él. Dios pregunta enseguida: "Adán, ¿dónde estás?", lo busca.

Jesús quedó desnudo por nosotros, cargó con la vergüenza de Adán, con la desnudez de su pecado para lavar nuestro pecado: sus llagas nos han curado. Acuérdense de lo de san Pablo: "¿De qué me puedo enorgullecer sino de mis debilidades, de mi pobreza?" Precisamente sintiendo mi pecado, mirando mi pecado, yo puedo ver y encontrar la misericordia de Dios, su amor, e ir hacia Él para recibir su perdón. En mi vida personal, he visto muchas veces el rostro misericordioso de Dios, su paciencia; he visto también en muchas personas la determinación de entrar en las llagas de Jesús, diciéndole: Señor estoy aquí, acepta mi pobreza, esconde en tus llagas mi pecado, lávalo con tu sangre. Y he visto siempre que Dios lo ha hecho, ha acogido, consolado, lavado, amado.

Homilia, 7 de abril de 2013

Reflexión

¿Permito que el pecado me impida la experiencia de la misericordia incondicional de Dios?

Oración

Señor, despójame de la complacencia vana. Todo lo bueno que tengo viene de ti. Esconde a mis pecados en tu misericordia divina.

Purificando nuestros motivos

"Cuídense de hacer obras buenas en público solamente para que los vean; de lo contrario no serán recompensados por su Padre del cielo".

Mateo 6:1

Sabemos que este mundo cada vez más artificial nos hace vivir en una cultura del "hacer", de lo "útil", donde sin darnos cuenta excluimos a Dios de nuestro horizonte. Pero excluimos también el horizonte mismo. La Cuaresma nos llama a "espabilarnos", a recordarnos que somos creaturas, sencillamente que no somos Dios. Cuando veo en el pequeño ambiente cotidiano algunas luchas de poder por ocupar sitios, pienso: esta gente juega a ser Dios creador. Aún no se han dado cuenta de que no son Dios.

Y también en relación con los demás corremos el riesgo de cerrarnos, de olvidarlos. Pero sólo cuando las dificultades y los sufrimientos de nuestros hermanos nos interpelan, sólo entonces podemos iniciar nuestro camino de conversión hacia la Pascua. Es un itinerario que comprende la cruz y la renuncia. El Evangelio de hoy (cf. Mt 6:1–6, 16–18) indica los elementos de este camino espiritual: la oración, el ayuno y la limosna. Los tres comportan la necesidad de no dejarse dominar por las cosas que aparentan: lo que cuenta no es la apariencia. El valor de la vida no depende de la aprobación de los demás o del éxito, sino de lo que tenemos dentro.

Homilía, 5 de marzo de 2014

Reflexión

¿Cómo estoy luchando por el poder? ¿Estoy demasiado preocupado con las opiniones y las aprobaciones de los demás?

Oración

Señor, es muy fácil enfatizar el "hacer" sobre el "ser". Ayúdame a recordar que mi valor no es basado en logros o habilidades, sino en el hecho de que soy tu hijo amado.

1ª semana—sábado

Revestidos del hombre nuevo

Ustedes se despojaron del hombre viejo y de sus obras para revestirse del hombre nuevo, que por el conocimiento se va renovando a imagen de su Creador.

Colosenses 3:9–10

El hombre nuevo, "creado a imagen de Dios" (Ef 4:24), nace en el Bautismo, donde se recibe la vida misma de Dios, que nos hace sus hijos y nos incorpora a Cristo y a su Iglesia. Esta vida nueva permite mirar la realidad con ojos distintos, sin dejarse distraer por las cosas que no cuentan y que no pueden durar mucho, por las cosas que se acaban con el tiempo [...] He aquí la diferencia entre la vida deformada por el pecado y la vida iluminada de la gracia. Del corazón del hombre renovado según Dios proceden los comportamientos buenos: hablar siempre con verdad y evitar toda mentira; no robar, sino más bien compartir lo que se posee con los demás, especialmente con quien pasa necesidad; no ceder a la ira, al rencor y a la venganza, sino ser dóciles, magnánimos y dispuestos al perdón; no caer en la murmuración que arruina la buena fama de las personas, sino mirar en mayor medida el lado positivo de cada uno. Se trata de revestirnos del hombre nuevo, con estas actitudes nuevas.

Homilía, 28 de marzo de 2014

Reflexión

¿Qué hay en mí que necesita "morir" para que yo pueda estar vestido de la vida de gracia?

Oración

Señor, ayúdame en la lucha cotidiana de ser libre del pecado y egoísmo para que, vestido de tu gracia, yo pueda vivir con amor generoso.

2ª SEMANA

Viviendo como discípulos

2ª semana—domingo

Escucha a Jesús

Él recibió de Dios Padre honor y gloria, por una voz que le llegó desde la sublime Majestad que dijo: Éste es mi Hijo querido, mi predilecto.

2 Pedro 1:17

Cuando el Señor se transfigura ante Pedro, Santiago y Juan, éstos oyen la voz de Dios Padre, que dice: "Éste es mi Hijo querido. Escúchenlo".

¿Cuáles son las tareas del cristiano? Tal vez me dirías: ir a misa los domingos; hacer ayuno y abstinencia en la Semana Santa [...] Pero la primera tarea del cristiano es escuchar la Palabra de Dios, escuchar a Jesús, porque Él nos habla y Él nos salva con su Palabra. Y Él, con esta Palabra, hace también que nuestra fe sea más robusta, más fuerte. . .

Muchas cosas escuchamos durante el día [...] ¿Dedicamos un poco de tiempo, cada día, para escuchar a Jesús? En casa, ¿tenemos el Evangelio? Y, cada día, ¿leemos un pasaje del Evangelio? ¿O tenemos miedo de esto, o no estamos acostumbrados? Escuchar la Palabra de Jesús es alimentarnos. Esto significa que la Palabra de Jesús es el alimento más fuerte para el alma: nos nutre el alma, nos nutre la fe.

Homilía, 16 de marzo de 2014

Reflexión

¿Qué me significa "ser cristiano"? ¿Cuánto tiempo dedico a escuchar a la Palabra de Dios?

Oración

Verbo Divino, ayúdame a abrir los oídos para que pueda escuchar y nutrirme en tus palabras de vida eterna.

La pobreza de Jesús nos enriquece

Ya conocen la generosidad de nuestro Señor Jesucristo, que siendo rico, se hizo pobre por nosotros para enriquecernos con su pobreza.

2 Corintios 8:9

Lo que nos da verdadera libertad, verdadera salvación y verdadera felicidad es el amor [de Jesús] lleno de compasión, de ternura, que quiere compartir con nosotros. La pobreza de Cristo que nos enriquece consiste en el hecho que se hizo carne, cargó con nuestras debilidades y nuestros pecados, comunicándonos la misericordia infinita de Dios. La pobreza de Cristo es la mayor riqueza: la riqueza de Jesús es su confianza ilimitada en Dios Padre, es encomendarse a Él en todo momento, buscando siempre y solamente su voluntad y su gloria. Es rico como lo es un niño que se siente amado por sus padres y los ama, sin dudar ni un instante de su amor y su ternura. La riqueza de Jesús radica en el hecho de ser *el Hijo*, su relación única con el Padre es la prerrogativa soberana de este Mesías pobre. Cuando Jesús nos invita a tomar su "yugo llevadero", nos invita a enriquecernos con esta "rica pobreza" y "pobre riqueza" suyas, a compartir con Él su espíritu filial y fraterno, a convertirnos en hijos en el Hijo, hermanos en el Hermano Primogénito (cf. Rom 8:29).

Mensaje para la Cuaresma 2014

Reflexión

¿Cómo me está invitando Dios a descubrir de nuevo el don de ser su hijo amado?

Oración

Abba, Padre, eres nuestra riqueza más grande. Danos confianza ilimitada en tu tierno amor por nosotros y, cómo Jesús tu hijo, ayúdanos a desear tu voluntad.

2ª semana—martes

Discípulos del Cordero

Cristo nos ha liberado para ser libres: manténganse firmes y no se dejen atrapar de nuevo en el yugo de la esclavitud.

Gálatas 5:1

En el Nuevo Testamento el término "cordero" se le encuentra en más de una ocasión, y siempre en relación a Jesús. Esta imagen del cordero podría asombrar. En efecto, un animal que no se caracteriza ciertamente por su fuerza y robustez si carga en sus propios hombros un peso tan inaguantable. La masa enorme del mal es quitada y llevada por una creatura débil y frágil, símbolo de obediencia, docilidad y amor indefenso, que llega hasta el sacrificio de sí mismo. El cordero [...] no muestra las garras o los dientes ante cualquier ataque, sino que soporta y es dócil. Y así es Jesús. Así es Jesús, como un cordero.

¿Qué significa para la Iglesia, para nosotros, hoy, ser discípulos de Jesús Cordero de Dios? Significa poner en el sitio de la malicia, la inocencia; en el lugar de la fuerza, el amor; en el lugar de la soberbia, la humildad; en el lugar del prestigio, el servicio [...] Nosotros, cristianos, debemos hacer esto [...] Ser discípulos del Cordero no significa vivir como una "ciudadela asediada", sino como una ciudad ubicada en el monte, abierta, acogedora y solidaria. Quiere decir no asumir actitudes de cerrazón, sino proponer el Evangelio a todos, testimoniando con nuestra vida que seguir a Jesús nos hace más libres y más alegres.

Ángelus, 19 de enero de 2014

Reflexión

¿Soy un discípulo de Jesús caracterizado por la transparencia, el ánimo y la hospitalidad?

Oración

Jesús, Maestro humilde, dame un deseo de servir en vez de ser servido. Permítame experimentar la libertad que resulta del dar amor generoso, en imitación de ti.

Humildad necesaria

"Soy tolerante y humilde de corazón. . ."

Mateo 11:29

En el Evangelio Jesús nos dice: "Quien quiera salvar su vida la perderá, pero el que pierda su vida por mi causa la salvará. . ." (Lc 9:23).

Pero contemplando a Jesús, [...] sobre todo contemplando al Cristo crucificado, sentimos ese sentimiento tan humano y tan noble que es la vergüenza de no estar a la altura; contemplamos la sabiduría de Cristo y nuestra ignorancia, su omnipotencia y nuestra debilidad, su justicia y nuestra iniquidad, su bondad y nuestra maldad. [Debemos] pedir la gracia de la vergüenza; vergüenza que me llega del continuo coloquio de misericordia con Él, [...] vergüenza que nos pone en sintonía con el corazón de Cristo que se hizo pecado por mí. Y esto nos lleva siempre [...] a la humildad [...] que nos hace conscientes cada día de que no somos nosotros quienes construimos el Reino de Dios, sino que es siempre la gracia del Señor que actúa en nosotros; humildad que nos impulsa a ponernos por entero no a nuestro servicio o al de nuestras ideas, sino al servicio de Cristo y de la Iglesia, como vasijas de barro, frágiles, inadecuados, insuficientes, pero en los cuales hay un tesoro inmenso que llevamos y comunicamos (2 Co 4:7).

Homilía, 31 de julio de 2013

Reflexión

¿Insisto en mis propias opiniones e ideas?

Oración

Señor, ayúdame a recordar la verdad de mí mismo y la verdad de ti, y hazme tu siervo humilde.

2ª semana—jueves

Vigilante contra el espíritu del mundo

Los que se dejan guiar por el Espíritu tienden a lo espiritual.

Romanos 8:5

Todos somos Iglesia y todos debemos ir por el camino de Jesús, que recorrió un camino de despojamiento, Él mismo. Se hizo siervo, servidor; quiso ser humillado hasta la Cruz. Y si nosotros queremos ser cristianos, no hay otro camino.

¿Pero no podemos hacer un cristianismo un poco más humano —dicen—, sin cruz, sin Jesús, sin despojamiento? ¡De este modo nos volveríamos cristianos de pastelería como buenas tartas, como buenas cosas dulces!" Muy bonito, ¡pero no cristianos de verdad!

El cristiano no puede convivir con el espíritu del mundo. La mundanidad que nos lleva a la vanidad, a la prepotencia, al orgullo. Y esto es un ídolo, no es Dios. ¡Es un ídolo! ¡Y la idolatría es el pecado más fuerte!

Cuando en los medios de comunicación se habla de la Iglesia, creen que la Iglesia son los sacerdotes, las religiosas, los obispos, los cardenales y el Papa. Pero la Iglesia somos todos nosotros, como he dicho. Y todos nosotros debemos despojarnos de esta mundanidad: el espíritu contrario al espíritu de las bienaventuranzas, el espíritu contrario al espíritu de Jesús. La mundanidad nos hace daño.

Discurso, 4 de octubre de 2013

Reflexión

¿Cómo soy influido por el espíritu del mundo?

Oración

Señor Jesús, ayúdame a vivir según los valores del Evangelio. Esperemos que juntos, como Iglesia, nos podamos despojar de cualquier espíritu que está al contrario del tuyo.

2ª semana—viernes

Camino de la pobreza

"Las zorras tienen madrigueras, las aves del cielo nidos, pero el Hijo del Hombre no tiene dónde recostar la cabeza".

Lucas 9:58

Seguir a Jesús quiere decir ponerle en primer lugar, despojarnos de las muchas cosas que tenemos y que sofocan nuestro corazón, renunciar a nosotros mismos, tomar la cruz y llevarla con Jesús. Despojarnos del yo orgulloso y despegarnos del afán de tener, del dinero, que es un ídolo que posee.

Todos estamos llamados a ser pobres, despojarnos de nosotros mismos; y por esto debemos aprender a estar con los pobres, compartir con quien carece de lo necesario, tocar la carne de Cristo. El cristiano no es uno que se llena la boca con los pobres, ¡no! Es uno que les encuentra, que les mira a los ojos, que les toca...

Para todos, también para nuestra sociedad que da signos de cansancio, si queremos salvarnos del naufragio, es necesario seguir el camino de la pobreza, que no es la miseria —ésta hay que combatirla—, sino saber compartir, ser más solidarios con quien está en necesidad, fiarnos más de Dios y menos de nuestras fuerzas humanas.

Discurso, 4 de octubre de 2013

Reflexión

¿Sé estar con los pobres, o me protejo del sufrimiento de los demás?

Oración

Jesús, eres nuestro ejemplo para todo. Enséñanos a abrazar la pobreza del espíritu, a compartir con gusto y alegría con los necesitados.

En una misión de misericordia

Dios estaba, por medio de Cristo, reconciliando el mundo consigo, sin tener en cuenta los pecados de los hombres, y confiándonos el mensaje de la reconciliación.

2 Corintios 5:19

Seguir a Jesús no significa participar en un cortejo triunfal. Significa compartir su amor misericordioso, entrar en su gran obra de misericordia por cada hombre y por todos los hombres. La obra de Jesús es precisamente una obra de misericordia, de perdón, de amor. ¡Es tan misericordioso Jesús! Y este perdón universal, esta misericordia, pasa a través de la cruz. Pero Jesús no quiere realizar esta obra solo: quiere implicarnos también a nosotros en la misión que el Padre le ha confiado. Después de la resurrección dirá a sus discípulos: "Como el Padre me ha enviado, así también los envío yo [...] A quienes les perdonen los pecados, les quedarán perdonados" (Jn 20:21, 23).

El discípulo de Jesús renuncia a todos los bienes porque ha encontrado en Él el bien más grande, en el que cualquier bien recibe su pleno valor y significado: los vínculos familiares, las demás relaciones, el trabajo, los bienes culturales y económicos, y así sucesivamente. El cristiano se desprende de todo y reencuentra todo en la lógica del Evangelio, la lógica del amor y del servicio.

Ángelus, 8 de septiembre de 2013

Reflexión

¿Cómo respondo a la invitación del Señor de compartir su misión? ¿Está mi corazón listo para oír y abrazar a la llamada de Dios?

Oración

Ayúdame, Señor, a saber precisamente cómo participar en tu obra de misericordia para el bienestar de mis hermanos y hermanas.

3ª SEMANA

Renovación personal en Cristo

Pidiendo a Jesús que nos sacie la sed

"Si conocieras el don de Dios y quién es el que te pide de beber, tú le pedirías a él y él te daría agua viva".

Juan 4:10

El Evangelio de hoy nos presenta el encuentro de Jesús con la mujer samaritana [...] La sencilla petición de Jesús ("Dame de beber") es el comienzo de un diálogo franco, mediante el cual Él, con gran delicadeza, entra en el mundo interior de una persona a la cual, según los esquemas sociales, no habría debido ni siquiera dirigirle la palabra. ¡Pero Jesús lo hace! [...] Jesús cuando ve a una persona va adelante porque ama.

Aquella sed de Jesús no era tanto sed de agua, sino de encontrar un alma endurecida. Jesús tenía necesidad de encontrar a la samaritana para abrirle el corazón: le pide de beber para poner en evidencia la sed que había en ella misma. La mujer queda tocada por este encuentro: dirige a Jesús esos interrogantes profundos que todos tenemos dentro, pero que a menudo ignoramos. También nosotros tenemos muchas preguntas que hacer, ¡pero no encontramos el valor de dirigirlas a Jesús! La cuaresma, queridos hermanos y hermanas, es el tiempo oportuno para mirarnos dentro, para hacer emerger nuestras necesidades espirituales más auténticas, y pedir la ayuda del Señor en la oración. El ejemplo de la samaritana nos invita a expresarnos así: "Jesús, dame de esa agua que saciará mi sed eternamente".

Ángelus, 23 de marzo de 2014

Reflexión

¿Qué busca mi corazón esta Cuaresma? ¿Estoy consciente de mis necesidades espirituales más profundas?

Oración

Señor Jesús, sólo tú puedes satisfacer la sed más auténtica de mi alma. Atráeme a una intimidad profunda contigo.

Encontrando a Jesús, encontrando la alegría

La mujer dejó el cántaro [y] se fue al pueblo.

Juan 4:28

El resultado de aquel encuentro junto al pozo fue que la mujer quedó transformada [...] Corre al pueblo [...] y anuncia que ha encontrado al Mesías: uno que le ha cambiado la vida. Porque todo encuentro con Jesús nos cambia la vida, siempre. . .

En este Evangelio hallamos también nosotros el estímulo para "dejar nuestro cántaro", símbolo de todo lo que aparentemente es importante, pero que pierde valor ante el "amor de Dios". Les pregunto a ustedes, también a mí: ¿cuál es tu cántaro interior, ese que te pesa, el que te aleja de Dios? Dejémoslo un poco aparte y con el corazón escuchemos la voz de Jesús, que nos ofrece otra agua [...] nos acerca al Señor. Estamos llamados a redescubrir la importancia y el sentido de nuestra vida cristiana, iniciada en el bautismo y, como la samaritana, a dar testimonio a nuestros hermanos. ¿De qué? De la alegría. Testimoniar la alegría del encuentro con Jesús, porque he dicho que todo encuentro con Jesús nos cambia la vida, y también todo encuentro con Jesús nos llena de alegría.

Ángelus, 23 de marzo de 2014

Reflexión

¿Qué impide que yo pueda disfrutar completamente la amistad del Señor?

Oración

Jesús, dame el coraje para dejar atrás todo lo que impide que yo te permita transformar mi vida, y hazme un testigo a la alegría.

Ven a la luz

Porque si en un tiempo eran tinieblas, ahora son luz por el Señor: vivan como hijos de la luz. . .

Efesios 5:8

Nuestra vida, algunas veces, es semejante a la del ciego que se abrió a la luz, que se abrió a Dios, que se abrió a su gracia. A veces, lamentablemente, es un poco como la de los doctores de la ley: desde lo alto de nuestro orgullo juzgamos a los demás, incluso al Señor [...] Debemos arrepentirnos de esto, eliminar estos comportamientos para caminar con decisión por el camino de la santidad. . .

Preguntémonos: ¿cómo está nuestro corazón? ¿Tengo un corazón abierto o un corazón cerrado? ¿Abierto o cerrado hacia Dios? ¿Abierto o cerrado hacia el prójimo? Siempre tenemos en nosotros alguna cerrazón que nace del pecado, de las equivocaciones, de los errores. No debemos tener miedo. Abrámonos a la luz del Señor, Él nos espera siempre para hacer que veamos mejor, para darnos más luz, para perdonarnos. ¡No olvidemos esto! A la Virgen María confiamos el camino cuaresmal, para que también nosotros, como el ciego curado, con la gracia de Cristo podamos "salir a la luz", ir más adelante hacia la luz y renacer a una vida nueva.

Ángelus, 30 de marzo de 2014

Reflexión

¿Cómo me está invitando Dios a la renovación y renacimiento espiritual?

Oración

Señor, a veces temo lo que me pudieras pedir o esperar de mí. Dame la gracia de entregarme a tu amor como lo hizo María.

Dejando espacio para el Espíritu

Y como son hijos, Dios infundió en sus corazones el Espíritu de su Hijo, que clama a Dios llamándolo: Abba, es decir, Padre.

Gálatas 4:6

Es muy importante la oración [...] Decir al Señor: "Señor, ayúdame, aconséjame, ¿qué debo hacer ahora?" Y con la oración hacemos espacio, a fin de que el Espíritu venga y nos ayude en ese momento, nos aconseje sobre lo que todos debemos hacer. . .

En la intimidad con Dios y en la escucha de su Palabra, poco a poco, dejamos a un lado nuestra lógica personal, impuesta la mayoría de las veces por nuestras cerrazones, nuestros prejuicios y nuestras ambiciones, y aprendemos, en cambio, a preguntar al Señor: ¿cuál es tu deseo?, ¿cuál es tu voluntad?, ¿qué te gusta a ti? De este modo madura en nosotros una *sintonía profunda*, casi *connatural* en el Espíritu y se experimenta cuán verdaderas son las palabras de Jesús que nos presenta el Evangelio de Mateo: "No se preocupen por lo que van a decir; pues no serán ustedes los que hablan, sino el Espíritu de su Padre hablará por ustedes" (Mt 10:19–20). Es el Espíritu quien nos aconseja, pero nosotros debemos dejar espacio al Espíritu.

Audiencia General, 7 de mayo de 2014

Reflexión

¿Cómo es mi relación con el Espíritu Santo? ¿Estoy consciente de su presencia y actividad en mi vida?

Oración

Espíritu de Dios, sigue llenándome con tus dones, especialmente el don de la oración.

Confianza en el amor del Padre

Como un padre se enternece con sus hijos,
así se enternece el Señor con sus fieles.

Salmo 103:13

Estamos en las manos de Dios. Pero desde el inicio. La Biblia nos explica la creación usando una hermosa imagen: Dios que con sus manos nos forma del barro, de la arcilla, a su imagen y semejanza. Fueron las manos de Dios las que nos crearon: el Dios artesano [...] Dios [es] como un papá con el hijo que le lleva de la mano. Son precisamente las manos de Dios las que nos acompañan en el camino. El Padre nos enseña a caminar, a ir por el camino de la vida y de la salvación. Y más: Son las manos de Dios que nos acarician en el momento del dolor, que nos consuelan. Es nuestro Padre quien nos acaricia, quien tanto nos quiere. Y también en estas caricias muchas veces está el perdón. . .

Muchas veces hemos escuchado decir: no sé a quién confiarme, todas las puertas están cerradas, me confío a las manos de Dios. Y esto es hermoso porque allí estamos seguros [...] Pensemos en las manos de Dios que nos creó como un artesano. Nos dio la salud eterna. Son manos llagadas. Nos acompañan en el camino de la vida. Confiémonos a las manos de Dios como un niño se entrega en las manos de su papá.

Homilía, 12 de noviembre de 2013

Reflexión

¿Vivo confiando en Dios y sus promesas?

Oración

Padre, tu bondad con nosotros es indefectible. Sigue derramando tu generosa bondad a los que nos entregamos a tu cuidado paternal hoy y cada día.

Amistad con Dios

Y es Dios quien nos mantiene, a nosotros y a ustedes, fieles a Cristo; quien nos ha ungido, nos ha sellado y quien ha puesto el Espíritu como garantía en nuestro corazón.

2 Corintios 1:21–22

Tener piedad [...] indica nuestra pertenencia a Dios y nuestro vínculo profundo con Él, un vínculo que da sentido a toda nuestra vida y que nos mantiene firmes, en comunión con Él, incluso en los momentos más difíciles y tormentosos.

Este vínculo con el Señor no se debe entender como un deber o una imposición. Es un vínculo que viene desde dentro. Se trata de *una relación vivida con el corazón*: es nuestra amistad con Dios, que nos dona Jesús, una amistad que cambia nuestra vida y nos llena de entusiasmo, de alegría. Por ello, ante todo, el don de piedad suscita en nosotros la gratitud y la alabanza. Es esto, en efecto, el motivo y el *sentido más auténtico de nuestro culto y de nuestra adoración*. Cuando el Espíritu Santo nos hace percibir la presencia del Señor y todo su amor por nosotros, nos caldea el corazón y nos mueve casi naturalmente a la oración y a la celebración. Piedad, por lo tanto, es sinónimo de auténtico espíritu religioso, de confianza filial con Dios, de esa capacidad de dirigirnos a Él con amor y sencillez, que es propia de las personas humildes de corazón.

Audiencia general, 4 de junio de 2014

Reflexión

¿Cómo la amistad con Dios ha marcado mi vida? ¿Puedo decir que vivo con alegría y entusiasmo?

Oración

Jesús, Salvador y Amigo, te doy gracias por la gracia y amor que siempre me das. Ayúdame a ser testigo de la alegría que viene de estar en relación contigo.

El don de la piedad

Alégrense con los que están alegres y lloren con los que lloran.
Vivan en armonía unos con otros. . .

Romanos 12:15–16

Si el don de piedad nos hace crecer en la relación y en la comunión con Dios y nos lleva a vivir como hijos suyos, al mismo tiempo nos ayuda a *volcar este amor también en los demás y a reconocerlos como hermanos*. Y entonces sí que seremos movidos por sentimientos de piedad—¡no de pietismo!—respecto a quien está a nuestro lado y de aquellos que encontramos cada día. ¿Por qué digo "no de pietismo"? Porque algunos piensan que tener piedad es cerrar los ojos, poner cara de estampa, aparentar ser como un santo [...] Esto no es el don de piedad. El don de piedad significa ser verdaderamente capaces de gozar con quien experimenta alegría, llorar con quien llora, estar cerca de quien está solo o angustiado, corregir a quien está en el error, consolar a quien está afligido, acoger y socorrer a quien pasa necesidad. Hay una relación muy estrecha entre el don de piedad y la mansedumbre. El don de piedad que nos da el Espíritu Santo nos hace apacibles, nos hace serenos, pacientes, en paz con Dios, al servicio de los demás con mansedumbre.

Audiencia general, 4 de junio de 2014

Reflexión

Cuando oro, ¿me dirijo fuera de mi mismo, acercándome a Dios y a los demás? ¿Cómo está caracterizada mi vida por el servicio?

Oración

Señor, ayúdame a superar mi auto-preocupación. Espero que mi relación contigo me transforme en un instrumento de amor y sanación para los demás.

SEMANA 4

Divina Misericordia y reconciliación

4ª semana 4—domingo

El abismo de la misericordia de Dios

Voy a recordar
la misericordia del Señor
las alabanzas del Señor [...]
lo que hizo con su compasión y su gran misericordia.

Isaías 63:7

[Dios] ha venido para nosotros cuando reconocemos que somos pecadores. Pero si somos como aquel fariseo ante el altar —"Te doy gracias, porque no soy como los demás hombres, y tampoco como ese que está a la puerta, como ese publicano" (cf. Lc 18:11-12)— no conocemos el corazón del Señor, y nunca tendremos la alegría de sentir esta misericordia.

No es fácil encomendarse a la misericordia de Dios, porque eso es un abismo incomprensible. Pero hay que hacerlo [...] Acude a Jesús [...] Él se olvida, él tiene una capacidad de olvidar, especial. Se olvida, te besa, te abraza y te dice solamente: "Tampoco yo te condeno. Anda, y en adelante no peques más" (Jn 8:11). Sólo te da ese consejo...

El Señor nunca se cansa de perdonar, ¡jamás! Somos nosotros los que nos cansamos de pedirle perdón. Pidamos la gracia de no cansarnos de pedir perdón, porque él nunca se cansa de perdonar. Pidamos esta gracia.

Homilía, 17 de marzo de 2013

Reflexión

¿Creo en la misericordia interminable de Dios? ¿Me canso de pedirle perdón?

Oración

Señor, llena con tu misericordia mi corazón cansado y agobiado de pecado. Ayúdame a ver que estás siempre listo a perdonarme y ayudarme a empezar de nuevo.

Llagas curadas

Sus cicatrices nos sanaron.

1 Pedro 2:24

El corazón de la salvación de Dios es su hijo que carga sobre sí todos nuestros pecados, nuestras soberbias, nuestras seguridades, nuestras vanidades, nuestras ganas de llegar a ser como Dios. Un cristiano que no sabe gloriarse en Cristo crucificado, no ha comprendido lo que significa ser cristiano. Nuestras llagas, las que deja el pecado en nosotros, se curan sólo con las llagas del Señor, con las llagas de Dios hecho hombre, humillado, anonadado.

Este es el misterio de la cruz. No es sólo un ornamento que debemos poner en las iglesias, sobre el altar; no es sólo un símbolo que nos debe distinguir de los demás. La cruz es un misterio: el misterio del amor de Dios que se humilla, que se anonad [...] ¿Dónde está tu pecado? Tu pecado está allí en la cruz. Ve a buscarlo allí, en las llagas del Señor, y tu pecado será curado, tus llagas serán sanadas, tu pecado será perdonado.

El perdón que nos da Dios no es cancelar una cuenta que nosotros tenemos con Él. El perdón que nos da Dios son las llagas de su hijo, elevado en la cruz.

Homilía, 8 de abril de 2014

Reflexión

¿Cuáles son las llagas en mi vida que necesitan ser curadas?

Oración

Padre, soy una persona herida, pero sé que por las llagas de tu hijo puedo ser curado. Envuelve mis heridas con el bálsamo de salvación, y ayúdame a ser una persona más buena.

Jesús el manso

Como elegidos de Dios, consagrados y amados, revístanse de sentimientos de profunda compasión, de amabilidad, de humildad, de mansedumbre, de paciencia.

Colosenses 3:12

Jesús es llamado el Cordero: es el Cordero que quita el pecado del mundo. Uno puede pensar: ¿pero cómo, un cordero, tan débil, un corderito débil, cómo puede quitar tantos pecados, tantas maldades? Con el amor, con su mansedumbre. Jesús no dejó nunca de ser cordero: manso, bueno, lleno de amor, cercano a los pequeños, cercano a los pobres. Estaba allí, entre la gente, curaba a todos, enseñaba, oraba. Tan débil Jesús, como un cordero. Pero tuvo la fuerza de cargar sobre sí todos nuestros pecados, todos. . .

Muchas veces, cuando miramos nuestra conciencia, encontramos en ella algunos [pecados] que son grandes. Pero Él los carga. [Jesús] vino para esto: para perdonar, para traer la paz al mundo, pero antes al corazón. Tal vez cada uno de nosotros tiene un tormento en el corazón, tal vez tiene oscuridad en el corazón, tal vez se siente un poco triste por una culpa [...] [Jesús] vino a quitar todo esto, Él nos da la paz, Él perdona todo.

Homilía, 19 de enero de 2014

Reflexión

¿Soy manso y amable cómo Jesús?

Oración

Jesús, ayúdame a ver el poder que hay en la debilidad que me enseñas en tu mansedumbre. Quiero ser una persona de perdón, de humildad y de paciencia.

¿Cómo está mi corazón?

Serán mi pueblo y yo seré su Dios, si vuelven a mí de todo corazón.

Jeremías 24:7

¿Qué hay en nuestro corazón? ¿Hay amor? Pensemos: ¿amo a mis padres, a mis hijos, a mi esposa, a mi marido, a la gente del barrio, a los enfermos? [...] ¿Amo? ¿Hay odio? ¿Odio a alguien? Porque muchas veces encontramos que hay odio, ¿no? "Yo amo a todos, excepto a éste, a éste y a ésta".

Debemos preguntarnos qué hay dentro, porque esto que está dentro sale fuera y hace mal, si es malo; y si es bueno, sale fuera y hace el bien. Y es tan hermoso decir la verdad a nosotros mismos, y avergonzarnos cuando nos encontramos en una situación que no es como Dios la quiere, que no es buena; cuando mi corazón está en una situación de odio, de venganza, tantas situaciones pecaminosas. ¿Cómo está mi corazón?

Si uno comprende a su hermano [...] ama, porque perdona: comprende, perdona, es paciente [...] Debemos pedir al Señor dos gracias. La primera: conocer qué hay en mi corazón, para no engañarnos, para no vivir engañados. La segunda gracia: hacer el bien que está en nuestro corazón, y no hacer el mal que está en nuestro corazón.

Homilía, 16 de febrero de 2014

Reflexión

¿Qué hay en mi corazón?

Oración

Señor, ayúdame a conocer mejor mi propio corazón. Líbralo de cualquier signo del mal, especialmente del odio y falta del perdón. Llénalo con tu gracia para hacer lo que es justo.

Pidiendo un corazón grande

"Felices los misericordiosos,
porque serán tratados con misericordia".

Mateo 5:7

El Señor lo dice en el Evangelio: "no juzguen y no serán juzgados; no condenen y no serán condenados. Perdonen y serán perdonados. Den y se les dará: recibirán una medida generosa, apretada, sacudida y rebosante. Porque con la medida que ustedes midan serán medidos" (Lc 6:37–38).

Si tienes el corazón amplio, grande, puedes recibir más. Y un corazón grande no se enreda en la vida de los demás, no condena, sino que perdona y olvida, precisamente como Dios ha olvidado y perdonado mis pecados. El hombre y la mujer misericordiosos tienen un corazón amplio: siempre disculpan a los demás y piensan en los propios pecados. Y si alguien les dice: "¿has visto lo que hizo aquel?", tienen la misericordia de responder: "pero yo ya tengo bastante con lo que hice".

Si todos nosotros, los pueblos, las personas, las familias, los barrios, tuviéramos esta actitud, ¡cuánta paz habría en el mundo, cuánta paz en nuestros corazones, porque la misericordia nos conduce a la paz!

Homilía, 17 de marzo de 2014

Reflexión

¿Tengo un corazón misericordioso?

Oración

Jesús, ayúdame a ver a los demás con compasión y a verlos con la mejor apariencia posible. Estira mi corazón para que yo pueda ser una persona misericordiosa.

Sellados con santidad

Por él, también ustede [...] fueron marcados con el sello del Espíritu Santo prometido.

Efesios 1:13

El Espíritu Santo unge. Ha ungido interiormente a Jesús, y unge a los discípulos, para que tengan los mismos sentimientos de Jesús y puedan así asumir en su vida las actitudes que favorecen la paz y la comunión. Con la unción del Espíritu, la santidad de Jesucristo se imprime en nuestra humanidad y nos hace capaces de amar a los hermanos con el mismo amor con que Dios nos ama.

Por tanto, es necesario realizar gestos de humildad, de fraternidad, de perdón, de reconciliación. Estos gestos son premisa y condición para una paz auténtica, sólida y duradera. Pidamos al Padre que nos unja para que seamos plenamente hijos suyos, cada vez más conformados con Cristo, para sentirnos todos hermanos. . .

Es lo que nos pide Jesús en el Evangelio: "Si me aman, guardarán mis mandamientos. Yo le pediré al Padre que les dé otro Paráclito, que esté siempre con ustedes" (Jn 14:15–16).

Homilía, 24 de mayo de 2014

Reflexión

¿Hay signos tangibles de la acción del Espíritu Santo viviendo en mí, ayudándome a vivir en reconciliación constante y con perdón?

Oración

Ven, Espíritu Santo, lléname con tu amor. Séllame con la santidad de Cristo, que yo pueda perdonar a mis hermanos hechos a tu imagen.

Unidos en el Espíritu

Vivan todos unidos, tengan un mismo sentir, sean compasivos, fraternales, misericordiosos, humildes.

1 Pedro 3:8

La lengua del Espíritu, la lengua del Evangelio es la lengua de la comunión, que invita a superar cerrazones e indiferencias, divisiones y contraposiciones.

Deberíamos preguntarnos todos: ¿cómo me dejo guiar por el Espíritu Santo de modo que mi vida y mi testimonio de fe sea de unidad y comunión? ¿Llevo la palabra de reconciliación y de amor que es el Evangelio a los ambientes en los que vivo? A veces parece que se repite hoy lo que sucedió en Babel: divisiones, incapacidad de comprensión, rivalidad, envidias, egoísmo. ¿Qué hago con mi vida? ¿Creo unidad en mi entorno? ¿O divido, con las habladurías, las críticas, las envidias? ¿Qué hago? Pensemos en esto.

Llevar el Evangelio es anunciar y vivir nosotros en primer lugar la reconciliación, el perdón, la paz, la unidad y el amor que el Espíritu Santo nos dona. Recordemos las palabras de Jesús: "En esto conocerán todos que son discípulos míos: si se aman unos a otros" (Jn 13:35).

Audiencia general, 22 de mayo de 2013

Reflexión

¿Cómo trabajo para realizar unidad dentro de mi mismo y entre los demás?

Oración

Espíritu Santo, ayúdame a vivir en tu amor unificador. Con tu gracia, permite que yo pueda sembrar semillas de armonía y amor en el mundo.

5ª SEMANA

La fidelidad de Dios

El amor no se cansa de amar

[El hijo] estaba aún distante cuando su padre lo divisó y se enterneció. . .

Lucas 15:20

El amor de Jesucristo dura para siempre, jamás tendrá fin porque es la vida misma de Dios. Este amor vence el pecado y dona la fuerza de volver a levantarse y recomenzar, porque con el perdón el corazón se renueva y rejuvenece. Todos lo sabemos: nuestro Padre no se cansa jamás de amar y sus ojos no se cansan de mirar el camino [...] para ver si regresa el hijo que se marchó y se perdió. Podemos hablar de la esperanza de Dios: nuestro Padre nos espera siempre, no nos deja sólo la puerta abierta, sino que nos espera. Él está implicado en este esperar a los hijos.

Y este Padre no se cansa ni siquiera de amar al otro hijo que, incluso permaneciendo siempre en casa con él, no es partícipe, sin embargo, de su misericordia, de su compasión. Dios no está solamente en el origen del amor, sino que en Jesucristo nos llama a imitar su modo mismo de amar: "Como yo los he amado: ámense así unos a otros" (Jn 13:34). El amor no puede soportar el hecho de permanecer encerrado en sí mismo. Por su misma naturaleza es abierto, se difunde y es fecundo, genera siempre nuevo amor.

Homilía, 28 de marzo de 2014

Reflexión

¿Cómo enseño amor a los prójimos y a las personas desconocidas?

Oración

Padre, dame un amor que sea paciente y fuerte, dispuesto a sacrificar para otros y sin temor de ser vulnerable.

Una alianza con Jesucristo

Porque Dios es fiel y Él los llamó a la comunión con su Hijo, Jesucristo Señor nuestro.

1 Corintios 1:9

Invito a cada cristiano, en cualquier lugar y situación en que se encuentre, a renovar ahora mismo su encuentro personal con Jesucristo o, al menos, a tomar la decisión de dejarse encontrar por Él, de intentarlo cada día sin descanso [...] Al que arriesga, el Señor no lo defrauda, y cuando alguien da un pequeño paso hacia Jesús, descubre que Él ya esperaba su llegada con los brazos abiertos. Éste es el momento para decirle a Jesucristo: "Señor, me he dejado engañar, de mil maneras escapé de tu amor, pero aquí estoy otra vez para renovar mi alianza contigo. Te necesito. Rescátame de nuevo, Señor, acéptame una vez más entre tus brazos redentores". ¡Nos hace tanto bien volver a Él cuando nos hemos perdido! Insisto una vez más: Dios no se cansa nunca de perdonar, somos nosotros los que nos cansamos de acudir a su misericordia. Aquel que nos invitó a perdonar "setenta veces siete" (Mt 18:22) nos da ejemplo [...] Nos vuelve a cargar sobre sus hombros una y otra vez. Nadie podrá quitarnos la dignidad que nos otorga este amor infinito e inquebrantable.

Evangelii Gaudium #3

Reflexión

¿Cómo experimento la fidelidad de Dios? ¿Cómo respondo a su amor?

Oración

Ten misericordia, Señor, por los tiempos cuando he negado tu amor. Ayúdame a testificar tu ternura.

Tocando la misericordia de Dios

Estoy seguro que ni muerte ni vida [...] ni criatura alguna nos podrá separar del amor de Dios manifestado en Cristo Jesús Señor nuestro.

Romanos 8:38–39

Jesús encuentra a una mujer pecadora durante una comida en casa de un fariseo, suscitando el escándalo de los presentes: Jesús deja que se acerque una pecadora, e incluso le perdona los pecados, diciendo: "Sus muchos pecados han quedado perdonados, porque ha amado mucho, pero al que poco se le perdona, ama poco" (Lc 7:47). Jesús es la encarnación del Dios vivo, el que trae la vida, frente a tantas obras de muerte, frente al pecado, al egoísmo, al cerrarse en sí mismos. Jesús acoge, ama, levanta, anima, perdona y da nuevamente la fuerza para caminar, devuelve la vida. Vemos en todo el Evangelio cómo Jesús trae con gestos y palabras la vida de Dios que transforma. Es la experiencia de la mujer que unge los pies del Señor con perfume: se siente comprendida, amada, y responde con un gesto de amor, se deja tocar por la misericordia de Dios y obtiene el perdón, comienza una vida nueva. Dios, el Viviente, es misericordioso. ¿Están de acuerdo? Digamos juntos: Dios es misericordioso, de nuevo: Dios el Viviente, es misericordioso.

Homilía, 16 de junio de 2013

Reflexión

¿Con que frecuencia aprovecho de la misericordia de Dios? ¿Cómo me está invitando, aun hoy, a empezar de nuevo?

Oración

Gracias, Jesús, por aceptarme, así como soy y por amarme con todas mis imperfecciones y pecados.

Cristo es la fieldad de Dios

En [Cristo] todas las promesas de Dios cumplieron el sí. . .

2 Corintios 1:20

La alegría del Evangelio no es una alegría cualquiera. Encuentra su razón de ser en el saberse acogidos y amados por Dios. Como nos recuerda el profeta Isaías, Dios es aquél que viene a salvarnos, y socorre especialmente a los extraviados de corazón. Su venida en medio de nosotros fortalece, da firmeza, dona valor [...] Por más grandes que sean nuestros límites y nuestros extravíos, no se nos permite ser débiles y vacilantes ante las dificultades y ante nuestras debilidades mismas.

La alegría cristiana, al igual que la esperanza, tiene su fundamento en la fidelidad de Dios, en la certeza de que Él mantiene siempre sus promesas. El profeta Isaías exhorta a quienes se equivocaron de camino y están desalentados a confiar en la fidelidad del Señor, porque su salvación no tardará en irrumpir en su vida. Quienes han encontrado a Jesús a lo largo del camino, experimentan en el corazón una serenidad y una alegría de la que nada ni nadie puede privarles. Nuestra alegría es Jesucristo, su amor fiel e inagotable.

Ángelus, 15 de diciembre de 2013

Reflexión

¿Dejo que mi obsesión sobre mis faltas y defectos me robe la alegría? ¿Cómo puedo ser una persona llena de paz y serenidad?

Oración

Señor, dame la convicción de que nada —ni siquiera mis faltas y defectos— me puedan separar de ti. ¡Tú eres fiel y sincero!

En la Cruz, encontramos el amor fiel de Dios

La esperanza no quedará defraudada, porque el amor de Dios ha sido derramado en nuestro corazón. . .

Romanos 5:5

¿Qué ha dejado la Cruz en los que la han visto y en los que la han tocado? ¿Qué deja en cada uno de nosotros? Miren, deja un bien que nadie nos puede dar: la certeza del amor fiel de Dios por nosotros. Un amor tan grande que entra en nuestro pecado y lo perdona, entra en nuestro sufrimiento y nos da fuerza para sobrellevarlo, entra también en la muerte para vencerla y salvarnos. En la Cruz de Cristo está todo el amor de Dios, está su inmensa misericordia. . .

Queridos jóvenes, fiémonos de Jesús, confiemos en Él (cf. *Lumen fidei*, 16). Porque Él nunca defrauda a nadie. Sólo en Cristo muerto y resucitado encontramos la salvación y redención. Con Él, el mal, el sufrimiento y la muerte no tienen la última palabra, porque Él nos da esperanza y vida: ha transformado la Cruz de ser un instrumento de odio, y de derrota, y de muerte, en un signo de amor, de victoria, de triunfo y de vida.

Discurso, 26 de julio de 2013

Reflexión

¿Cómo se me revela la fieldad de Dios en la Cruz de Cristo y en mis cruces cotidianas?

Oración

Vez tras vez persigues en traer la vida de la muerte, Señor. Que seas glorificado por tu victoria en la vida de cada persona que has redimido.

5ª semana—viernes

Esperanza basada en Dios

El Dios de la paz los santifique completamente [...] El que los llamó es fiel y lo cumplirá.

1 Tesalonicenses 5:23–24

El Señor resucitado es la esperanza que nunca decae, que no defrauda (cf. Rm 5:5). La esperanza no defrauda. ¡La esperanza del Señor! Cuántas veces en nuestra vida las esperanzas se desvanecen, cuántas veces las expectativas que llevamos en el corazón no se realizan. Nuestra esperanza de cristianos es fuerte, segura, sólida en esta tierra, donde Dios nos ha llamado a caminar, y está abierta a la eternidad, porque está fundada en Dios, que es siempre fiel. No debemos olvidar: Dios es siempre fiel con nosotros. Que haber resucitado con Cristo mediante el Bautismo, con el don de la fe, para una herencia que no se corrompe, nos lleve a buscar mayormente las cosas de Dios, a pensar más en Él, a orarle más. . .

A quien nos pida razón de la esperanza que está en nosotros, indiquemos al Cristo resucitado. Indiquémoslo con el anuncio de la Palabra, pero sobre todo con nuestra vida de resucitados.

Audiencia general, 10 de abril de 2013

Reflexión

¿Soy un signo de esperanza viva? ¿Cómo puedo mejor testimoniar a la alegría y libertad que vienen del vivir en Jesús?

Oración

Señor, gracias por el don de fe que recibí cuando fui bautizado. Permíteme vivir y compartir este gran regalo con cada persona que encuentro.

5ª semana—sábado

En Jesús, el Amor ha vencido

Dios nos demostró su amor en que, siendo aún pecadores, Cristo murió por nosotros.

Romanos 5:8

Si Cristo no hubiera resucitado, el cristianismo perdería su valor; toda la misión de la Iglesia se quedaría sin brío, pues desde aquí ha comenzado y desde aquí reemprende siempre de nuevo. El mensaje que los cristianos llevan al mundo es este: Jesús, el Amor encarnado, murió en la cruz por nuestros pecados, pero Dios Padre lo resucitó y lo ha constituido Señor de la vida y de la muerte. En Jesús, el Amor ha vencido al odio, la misericordia al pecado, el bien al mal, la verdad a la mentira, la vida a la muerte.

Por esto decimos a todos: "*Vengan y vean*". En toda situación humana, marcada por la fragilidad, el pecado y la muerte, la Buena Nueva no es sólo una palabra, sino un *testimonio de amor gratuito y fiel*: es un salir de sí mismo para ir al encuentro del otro, estar al lado de los heridos por la vida, compartir con quien carece de lo necesario, permanecer junto al enfermo, al anciano, al excluido [...] *"Vengan y vean"*: El amor es más fuerte, el amor da vida, el amor hace florecer la esperanza en el desierto.

Mensaje, 20 de abril de 2014

Reflexión

¿Cómo puedo ser un testamento vivo al amor incondicional y fiel de Dios?

Oración

Inculca en mí, Jesús, el deseo de invitar a los demás a que vivan en relación contigo. Inspírame con el coraje de acercarme a los que están en los márgenes de la sociedad y compartir con ellos la alegría y esperanza que son tus dones para todos nosotros.

6ª SEMANA

Victoria en la Cruz

El trono real de Cristo

Él llevó sobre la cruz nuestros pecados cargándolos en su cuerpo, para que, muertos al pecado, vivamos para la justicia.

1 Pedro 2:24

Jesús entra en Jerusalén para morir en la cruz. Y es precisamente aquí donde resplandece su ser rey según Dios: su trono regio es el madero de la cruz [...] ¿Por qué la cruz? Porque Jesús toma sobre sí el mal, la suciedad, el pecado del mundo, también el nuestro, el de todos nosotros, y lo lava, lo lava con su sangre, con la misericordia y amor de Dios.

Miremos a nuestro alrededor: ¡cuántas heridas inflige el mal a la humanidad! Guerras, violencias, conflictos económicos que se abaten sobre los más débiles, la sed de dinero, que nadie puede llevárselo consigo [...] Amor al dinero, al poder, la corrupción, las divisiones, los crímenes contra la vida humana y contra la creación. Y también —cada uno lo sabe y lo conoce— nuestros pecados personales: las faltas de amor y de respeto a Dios, al prójimo y a toda la creación. Y Jesús en la cruz siente todo el peso del mal, y con la fuerza del amor de Dios lo vence, lo derrota en su resurrección. Este es el bien que Jesús nos hace a todos en el trono de la cruz.

Homilía, 24 de marzo de 2013

Reflexión

Mientras miro a la cruz de Cristo, ¿cuáles significados personales encuentro en este acto incomparable de amor?

Oración

Jesús Salvador, gracias por vencer el mal, por redimirme y a toda la humanidad con tu preciosísima Sangre.

Miedo de la Cruz

"Miren, subimos a Jerusalén, y el Hijo del Hombre será entregado a los sumos sacerdotes y letrados que lo condenarán a muerte".

Mateo 20:18

Jesús estaba ocupado en muchas actividades y todos estaban admirados por todas las cosas que hacía [...] Y Jesús, tal vez en el momento en el que los discípulos se alegraban de ello, les dijo: Fijen bien en la mente estas palabras: el Hijo del hombre va a ser entregado en manos de los hombres [...] El Evangelio dice, "tenían miedo de interrogarle sobre esto. Mejor no hablar de ello. . ."

[Jesús] no podía engañarse. Él sabía. Y era tanto el miedo que esa tarde del jueves sudó sangre. Incluso le pidió a Dios: "Padre aleja de mí este cáliz"; pero, agregó, "que se cumpla tu voluntad". Y esta es la diferencia. La cruz nos da miedo [...] No hay redención sin derramamiento de sangre. Y no hay trabajo apostólico fecundo sin la cruz.

Cada uno de nosotros puede tal vez pensar: ¿a mí qué me sucederá? ¿Cómo será mi cruz? No lo sabemos, pero estará y debemos pedir la gracia de no huir de la cruz cuando llegue. Cierto, nos da miedo, pero el seguimiento de Jesús acaba precisamente allí.

Meditación diaria, 28 de septiembre de 2013

Reflexión

¿Cómo afronto las grandes y pequeñas cruces de mi vida?

Oración

Señor, temo la cruz. Mientras contemplo el gran misterio de nuestra redención, ayúdame a acoger la cruz con amor, como tú lo hiciste.

El sufrimiento transformado

Gracias sean dadas a Dios, que nos da la victoria por medio de nuestro Señor Jesucristo.

1 Corintios 15:57

Cuando el Hijo de Dios fue crucificado, destruyó la soledad del sufrimiento e iluminó su oscuridad. De este modo, estamos frente al misterio del amor de Dios por nosotros, que nos infunde esperanza y valor: esperanza, porque en el plan de amor de Dios también la noche del dolor se abre a la luz pascual; y valor para hacer frente a toda adversidad en su compañía, unidos a Él.

El Hijo de Dios hecho hombre no ha eliminado de la experiencia humana la enfermedad y el sufrimiento sino que, tomándolos sobre sí, los ha transformado y delimitado. Delimitado, porque ya no tienen la última palabra que, por el contrario, es la vida nueva en plenitud; transformado, porque en unión con Cristo, de experiencias negativas, pueden llegar a ser positivas. Jesús es el camino, y con su Espíritu podemos seguirle. Como el Padre ha entregado al Hijo por amor, y el Hijo se entregó por el mismo amor, también nosotros podemos amar a los demás como Dios nos ha amado, dando la vida por nuestros hermanos. La fe en el Dios bueno se convierte en bondad, la fe en Cristo Crucificado se convierte en fuerza para amar hasta el final y hasta a los enemigos.

Mensaje, 11 de febrero de 2014

Reflexión

¿Reconozco la vida nueva que Dios realiza por situaciones del sufrimiento y pérdida?

Oración

Unido al sacrificio redentor de tu hijo, Padre, acepta los sufrimientos que te ofrezco. Transforma el sufrimiento y dolor en gracia y fuente de vida para los demás.

Jesús carga la cruz con nosotros

Mi siervo inocente rehabilitará a todos porque cargó con sus crímenes.

Isaías 53:11

Jesús con su cruz recorre nuestras calles y carga nuestros miedos, nuestros problemas, nuestros sufrimientos, también los más profundos [...] Con la cruz Jesús se une a todas las personas que sufren hambre, en un mundo que [...] se permite el lujo de tirar cada día toneladas de alimentos. Con la cruz, Jesús está junto a tantas madres y padres que sufren al ver a sus hijos víctimas de paraísos artificiales, como la droga. Con la cruz, Jesús se une a quien es perseguido [...] en la cruz, Jesús está junto a tantos jóvenes que han perdido su confianza en las instituciones políticas porque ven el egoísmo y corrupción, o que han perdido su fe en la Iglesia, e incluso en

Dios, por la incoherencia de los cristianos y de los ministros del Evangelio [...] En la cruz de Cristo está el sufrimiento, el pecado del hombre, también el nuestro, y Él acoge todo con los brazos abiertos, carga sobre su espalda nuestras cruces y nos dice: "¡Ánimo! No la lleves solo. Yo la llevo con vos y yo he vencido a la muerte y he venido a darte esperanza, a darte vida" (cf. Jn 3:16).

Discurso, 26 de julio de 2013

Reflexión

¿Permito que Jesús me ayude a llevar mis cruces, o las trato de cargar solo?

Oración

Señor Jesús, abre mi corazón a los sufrimientos de los demás. Ayúdame a cargar contigo los dolores del mundo.

La llamada al servicio

"Les he dado ejemplo para que hagan lo mismo que yo hice con ustedes".

Juan 13:15

Lavar los pies es [decir], "yo estoy a tu servicio". Y [...] no es que debamos lavarnos los pies todos los días los unos a los otros, pero entonces, ¿qué significa? Que debemos ayudarnos, los unos a los otros. A veces estoy enfadado con uno, o con una [...] pero [...] olvídalo, olvídalo, y si te pide un favor, hazlo.

Ayudarse unos a otros: esto es lo que Jesús nos enseña y esto es lo que yo hago, y lo hago de corazón, porque es mi deber. Como sacerdote y como obispo debo estar a su servicio. Pero es un deber que viene del corazón [...] Amo hacerlo porque el Señor así me lo ha enseñando. Pero también ustedes, ayúdenos: ayúdenos siempre. . .

Ahora haremos esta ceremonia de lavarnos los pies y pensemos: que cada uno de nosotros piense: "¿Estoy verdaderamente dispuesta o dispuesto a servir, a ayudar al otro?" Pensemos esto, solamente. Y pensemos que este signo es una caricia de Jesús, que Él hace, porque Jesús ha venido precisamente para esto, para servir, para ayudarnos.

Homilía, 28 de marzo de 2013

Reflexión

¿Estoy dispuesto a lavar los pies de los otros, aun los que no me gusten?

Oración

Jesús, mi Maestro, ayúdame a seguir tu ejemplo de servicio humilde y amoroso.

Participando en la pasión de Cristo

Ahora me alegro de sufrir por ustedes, porque de esta manera voy completando en mi propio cuerpo, lo que falta a los sufrimientos de Cristo para bien de su cuerpo que es la Iglesia.

Colosenses 1:24

La Cruz invita también a dejarnos contagiar por este amor, nos enseña así a mirar siempre al otro con misericordia y amor, sobre todo a quien sufre, a quien tiene necesidad de ayuda, a quien espera una palabra, un gesto. La Cruz nos invita a salir de nosotros mismos para ir al encuentro de ellos y tenderles la mano. Muchos rostros, lo hemos visto en el Viacrucis, muchos rostros acompañaron a Jesús en el camino al Calvario: Pilato, el Cireneo, María, las mujeres [...] Yo te pregunto hoy: ¿como quien querés ser? ¿Querés ser como Pilato, que no tiene la valentía de ir a contracorriente, para salvar la vida de Jesús, y se lava las manos? Decidme: Vos, ¿sos de los que se lavan las manos, se hacen los distraídos y miran para otro lado? ¿O sos como el Cireneo, que ayuda a Jesús a llevar aquel madero pesado, o como María y las otras mujeres? [...] Jesús te está mirando ahora y te dice, ¿Me querés ayudar a llevar la cruz? Hermano y hermana [...] ¿qué le contestás?

Discurso, 26 de julio de 2013

Reflexión

¿Cómo acompañaré a Jesús en su camino a la Cruz este Viernes Santo?

Oración

Jesús, dame la fuerza de no desviarme, de seguirte y de servirte en los que sufren.

La respuesta divina al mal

Vivo de la fe en el Hijo de Dios, que me amó y se entregó por mí.

Gálatas 2:20

Contemplando a Jesús en su pasión, vemos como en un espejo los sufrimientos de la humanidad y encontramos la respuesta divina al misterio del mal, del dolor, de la muerte. Muchas veces sentimos horror por el mal y el dolor que nos rodea y nos preguntamos: "¿Por qué Dios lo permite?" Es una profunda herida para nosotros ver el sufrimiento y la muerte, especialmente de los inocentes [...] Y Jesús carga sobre sí todo este mal, todo este sufrimiento.

Nosotros esperamos que Dios en su omnipotencia derrote la injusticia, el mal, el pecado y el sufrimiento con una victoria divina triunfante. Dios, en cambio, nos muestra una victoria humilde que humanamente parece un fracaso. Podemos decir que Dios vence en el fracaso [...] Jesús permite que el mal se ensañe con Él y lo carga sobre sí para vencerlo. Su pasión no es un accidente; su muerte —*esa* muerte— estaba "escrita". En verdad, no encontramos muchas explicaciones. Se trata de un misterio desconcertante, el misterio de la gran humildad de Dios: "Tanto amó Dios al mundo, que entregó a su Unigénito" (Jn 3:16).

Audiencia General, 16 de abril de 2014

Reflexión

"Dios vence en el fracaso". ¿Cómo esta declaración cambia mi entendimiento de logros y éxitos personales?

Oración

María, Madre del Salvador, ayúdanos a vivir este día en unión calmada contigo, mientras esperamos la gloriosa victoria de tu hijo sobre el pecado y la muerte.

PASCUA

Testigos de la alegría de la Resurrección

Domingo de Pascua de la Resurrección

La luz de la alegría pascual

Entonces, en el reino de su Padre, los justos brillarán como el sol.

Mateo 13:43

¡Feliz Pascua! "*Cristòs anèsti! —Alethòs anèsti!*", "¡Cristo ha resucitado! ¡Verdaderamente ha resucitado!"

El sentimiento dominante que brota de los relatos evangélicos de la Resurrección es la alegría llena de asombro. . .

Dejemos que esta experiencia, impresa en el Evangelio, se imprima también en nuestro corazón y se transparente en nuestra vida. Dejemos que el asombro gozoso del Domingo de Pascua se irradie en los pensamientos, en las miradas, en las actitudes, en los gestos y en las palabras [...] ¡Ojalá fuésemos así de luminosos! Pero esto no es un maquillaje. Viene de dentro, de un corazón inmerso en la fuente de este gozo, como el de María Magdalena, que lloraba la pérdida de su Señor y no creía a sus ojos al verlo resucitado.

Quien experimenta esto se convierte en testigo de la Resurrección, porque en cierto sentido resucita él mismo, resucita ella misma. De este modo es capaz de llevar un "rayo" de la luz del Resucitado a las diversas situaciones: a las que son felices, haciéndolas más hermosas y preservándolas del egoísmo; a las dolorosas, llevando serenidad y esperanza.

Regina Coeli, 21 de abril de 2014

Reflexión

¿Cuáles cosas me ayudan a irradiar la alegría de la Resurrección?

Oración

Señor, ayúdame a continuar a llevar la alegría de la resurrección en mi corazón durante el año. Permíteme ser una persona que irradia la alegría del Resucitado.

Cruzando el desierto

Transformó el desierto en estanques
y erial en manantiales.

Salmo 107:35

¿Qué significa que Jesús ha resucitado? Significa que el amor de Dios es más fuerte que el mal y la muerte misma, significa que el amor de Dios puede transformar nuestras vidas y hacer florecer esas zonas de desierto que hay en nuestro corazón. Y esto lo puede hacer el amor de Dios...

Cuántos desiertos debe atravesar el ser humano también hoy. Sobre todo el desierto que está dentro de él, cuando falta el amor de Dios y del prójimo, cuando no se es consciente de ser custodio de todo lo que el Creador nos ha dado y nos da. Pero la misericordia de Dios puede hacer florecer hasta la tierra más árida, puede hacer revivir incluso a los huesos secos (cf. Ez 37:1–14).

He aquí, pues, la invitación que hago a todos: Acojamos la gracia de la Resurrección de Cristo. Dejémonos renovar por la misericordia de Dios, dejémonos amar por Jesús, dejemos que la fuerza de su amor transforme también nuestras vidas; y hagámonos instrumentos de esta misericordia, cauces a través de los cuales Dios pueda regar la tierra, custodiar toda la creación y hacer florecer la justicia y la paz.

Mensaje Urbi et Orbi, 31 de marzo de 2013

Reflexión

¿Tengo partes de mi alma que son como el desierto y necesitan las aguas de la gracia de Dios?

Oración

Dios Padre, eres el jardinero de mi alma. En la alegría de este tiempo Pascual, derrama sobre mí tu gracia, para que yo pueda ser una presencia vivificadora a los demás.

Ayer era la tumba

¿Por qué buscan entre los muertos al que está vivo?

Lucas 24:5

¡Jesús no está en el sepulcro, es el Resucitado! "Ayer" era la tumba de Jesús y la tumba de la Iglesia, el sepulcro de la verdad y de la justicia; "hoy" es la resurrección perenne hacia la que nos impulsa el Espíritu Santo, donándonos la plena libertad...

Tú, ¿por qué buscas entre los muertos al que vive, tú que te cierras en ti mismo después de un fracaso y tú que no tienes ya la fuerza para rezar? ¿Por qué buscas entre los muertos al que está vivo, tú que te sientes solo, abandonado por los amigos o tal vez también por Dios? ¿Por qué buscas entre los muertos al que está vivo, tú que has perdido la esperanza y tú que te sientes encarcelado por tus pecados? ¿Por qué buscas entre los muertos al que está vivo, tú que aspiras a la belleza, a la perfección espiritual, a la justicia, a la paz?

Esta pregunta [...] nos ayuda a salir de nuestros espacios de tristeza y nos abre a los horizontes de la alegría y de la esperanza. Esa esperanza que mueve las piedras de los sepulcros y alienta a anunciar la Buena Noticia, capaz de generar vida nueva para los demás [...] Mirad hermanos y hermanas, Él está vivo, está con nosotros [...] ¡No busquemos entre los muertos al que vive!

Audiencia General, 23 de abril de 2014

Reflexión

En vez de dejar que Dios me libre, ¿cómo me quedo en las tumbas de mi vida?

Oración

Jesús, ayúdame a vivir siempre en la alegría de tu resurrección.

No dejes que te roben la esperanza

Mantengamos sin desviaciones la confesión de nuestra esperanza...

Hebreos 10:23

Jesús es Dios, pero se ha abajado a caminar con nosotros. Es nuestro amigo, nuestro hermano. El que nos ilumina en nuestro camino. Y así lo hemos acogido hoy. Y esta es la primera palabra que quisiera decirnos: ¡alegría! No seán nunca hombres y mujeres tristes: un cristiano jamás puede serlo.

Nunca se dejen vencer por el desánimo. Nuestra alegría no es algo que nace de tener tantas cosas, sino de haber encontrado a una persona, Jesús; que está entre nosotros; nace del saber que, con Él, nunca estamos solos, incluso en los momentos difíciles, aun cuando el camino de la vida tropieza con problemas y obstáculos que parecen insuperables, y ¡hay tantos! Y en este momento viene el enemigo, viene el diablo, tantas veces disfrazado de ángel, e insidiosamente nos dice su palabra. No lo escuchen.

Sigamos a Jesús. Nosotros acompañamos, seguimos a Jesús, pero sobre todo sabemos que Él nos acompaña y nos carga sobre sus hombros: en esto reside nuestra alegría, la esperanza que hemos de llevar en este mundo nuestro. Y, por favor, no se dejen robar la esperanza, no dejen robar la esperanza. Esa que nos da Jesús.

Homilía, 24 de marzo de 2013

Reflexión

¿Encuentro alegría en el conocer a Jesús? ¿Cómo puede crecer en mí la esperanza?

Oración

Señor, ayúdame a no perder la esperanza en ti y en el poder de tu resurrección. ¡Permíteme ser una persona de alegría y esperanza contagiosa!

Él es nuestra paz

Y que la paz de Cristo dirija sus corazones, esa paz a la que han sido llamados para formar un cuerpo. Finalmente sean agradecidos.

Colosenses 3:15

"¡La paz esté con ustedes!" (Jn 20: 19, 21, 26). No es un saludo ni una sencilla felicitación: es un don; más aún, el don precioso que Cristo ofrece a sus discípulos después de haber pasado a través de la muerte y los infiernos [...] Esta paz es el fruto de la victoria del amor de Dios sobre el mal, es el fruto del perdón.

A los Apóstoles Jesús dio, junto a su paz, el Espíritu Santo para que pudieran difundir en el mundo el perdón de los pecados, ese perdón que sólo Dios puede dar y que costó la Sangre del Hijo (cf. Jn 20: 21–23). La Iglesia ha sido enviada por Cristo Resucitado a trasmitir a los hombres la remisión de los pecados, y así hacer crecer el Reino del amor, sembrar la paz en los corazones, a fin de que se afirme también en las relaciones, en las sociedades, en las instituciones.

Y el Espíritu de Cristo Resucitado expulsa el temor del corazón de los Apóstoles y les impulsa a salir del Cenáculo para llevar el Evangelio.

Regina Coeli, 7 de abril de 2013

Reflexión

¿Qué puedo hacer hoy para nutrir el don de la paz en mi corazón, en mi familia y donde trabajo?

Oración

¡Gloria a ti, Señor Resucitado, por el don de la paz! En tu nombre, deja que mis palabras y acciones comuniquen paz a todos los que me rodean.

La alegría que vence obstáculos

Por eso, habiendo recibido este ministerio por pura misericordia, no nos acobardamos. . .

2 Corintios 4:1

Es sano acordarse de los primeros cristianos y de tantos hermanos a lo largo de la historia que estuvieron cargados de alegría, llenos de coraje, incansables en el anuncio y capaces de una gran resistencia activa. Hay quienes se consuelan diciendo que hoy es más difícil; sin embargo, reconozcamos que las circunstancias del Imperio romano no eran favorables al anuncio del Evangelio, ni a la lucha por la justicia, ni a la defensa de la dignidad humana. En todos los momentos de la historia están presentes la debilidad humana, la búsqueda enfermiza de sí mismo, el egoísmo cómodo y, en definitiva, la concupiscencia que nos acecha a todos.

Eso está siempre, con un ropaje o con otro; viene del límite humano más que de las circunstancias. Entonces, no digamos que hoy es más difícil; es distinto. Pero aprendamos de los santos que nos han precedido y enfrentaron las dificultades propias de su época.

Evangelii Gaudium, 263

Reflexión

¿Cómo me está invitando Dios a ser testigo de la resurrección hoy?

Oración

¡Señor, tú sabes mi situación mejor que yo! Tú ves los detalles que me están escondidos. También ves el destino glorioso que espero un día poder alcanzar. Dame coraje, amor y convicción mientras declaro tu presencia al mundo.

La presencia del Resucitado

Nosotros, no podemos callar lo que hemos visto y oído.

Hechos 4:20

Me pregunto: ¿dónde encontraban los primeros discípulos la fuerza para dar este testimonio? No sólo: ¿de dónde les venía la alegría y la valentía del anuncio, a pesar de los obstáculos y las violencias? No olvidemos que los Apóstoles eran personas sencillas, no eran escribas, doctores de la Ley, ni pertenecían a la clase sacerdotal. ¿Cómo pudieron, con sus limitaciones y combatidos por las autoridades, llenar Jerusalén con su enseñanza? (cf. Hch 5:28).

Está claro que sólo pueden explicar este hecho la presencia del Señor Resucitado con ellos y la acción del Espíritu Santo. El Señor que estaba con ellos y el Espíritu que les impulsaba a la predicación explica este hecho extraordinario. . .

Esta historia de la primera comunidad cristiana nos dice algo muy importante, válida para la Iglesia de todos los tiempos, también para nosotros: cuando una persona conoce verdaderamente a Jesucristo y cree en Él, experimenta su presencia en la vida y la fuerza de su Resurrección, y no puede dejar de comunicar esta experiencia.

Regina Coeli, 14 de abril de 2013

Reflexión

¿Puedo "ver y oír" el Evangelio en las vidas de las personas que me rodean? ¿Pueden ellos "ver y oír" el Evangelio en mi vida?

Oración

Llénanos con tu presencia, Señor, para que podamos comunicar claramente tu amor y verdad.

Domingo de la Divina Misericordia Llagas gloriosas

Pero Cristo Jesús me tuvo compasión, para demostrar conmigo toda su paciencia. . .

1 Timoteo 1:16

En el centro de este domingo [...] que san Juan Pablo II quiso dedicar a la Divina Misericordia, están *las llagas gloriosas de Cristo resucitado*.

Él ya las enseñó la primera vez que se apareció a los apóstoles la misma tarde del primer día de la semana, el día de la resurrección. Pero *Tomás* aquella tarde, como hemos escuchado, no estaba; y, cuando los demás le dijeron que habían visto al Señor, respondió que, mientras no viera y tocara aquellas llagas, no lo creería. Ocho días después, Jesús se apareció de nuevo en el cenáculo, en medio de los discípulos: Tomás también estaba; se dirigió a él y lo invitó a tocar sus llagas. Y entonces, aquel hombre sincero, aquel hombre acostumbrado a comprobar personalmente las cosas, se arrodilló delante de Jesús y dijo: "Señor mío y Dios mío" (Jn 20:28).

Las llagas de Jesús son un *escándalo para la fe*, pero son también la *comprobación de la fe*. Por eso, en el cuerpo de Cristo resucitado las llagas no desaparecen, permanecen, porque aquellas llagas son el signo permanente del amor de Dios por nosotros, y son *indispensables para creer en Dios*. No para creer que Dios existe, sino para creer *que Dios es amor, misericordia, fidelidad*.

Homilía, 27 de abril de 2014

Reflexión

¿Cómo Jesús me está invitando hoy a extender la mano y tocar sus llagas?

Oración

Mi Señor y mi Dios, confírmame en tu amor, misericordia y fidelidad.

CENTRO PAULINO DE COMUNICACIÓN, S.C.

Plaza Comercial Villa de Guadalupe
Sección 1, Local 24
C.P. 07050, Delegación Gustavo A.
Madero Ciudad de México.
Tel: (0155) 5781 5805
centropaulino@prodigy.net.mx
librería_basilica@paulinas.com.mx

NUEVO LAREDO

Av. Reforma No. 5601 Local 99
Col. Fraccionamiento Centro
Comercial Paseo Reforma
C.P. 88275 Nuevo Laredo, Tamps.
Tel: (01-867) 717-0367
paulinas_nvolaredo@hotmail.com
paulinasnuevolaredo@paulinas.com.mx

PUEBLA, PUEBLA

2 Sur No 306
Colonia Centro.
C.P. 72000, Puebla, Puebla.
Tel: (01 222) 232 36 74
libreriapaulinas@prodigy.net.mx
librería_puebla@paulinas.com.mx

LEÓN, GUANAJUATO

Hidalgo No. 146
Colonia Centro.
C.P. 37000, León, Guanajuato.
Tel: (01 477) 716 65 67
paulinasleon@prodigy.net.mx
librería_leon@paulinas.com.mx

MONTERREY, NUEVO LEÓN

Padre Mier No. 210-A Pte.
Colonia Centro.
C.P. 64000, Monterrey, Nuevo León.
Tels: (01-81) 8343-4216 y 8345-5850
librería_monterrey@paulinas.com.mx
paulinasmty_libreria@prodigy.net.mx

CIUDAD JUÁREZ, CHIHUAHUA

Av. Juárez No. 279 Nte.
Colonia Centro
C.P. 32000, Ciudad Juárez, Chihuahua.
Tel: (01-656) 612-4824
librería_juarez@paulinas.com.mx
paulinascdjuarez@gmail.com

XALAPA, VER.

Av. Ruiz Cortines No. 1388
Col. Tamborrel
C.P. 91050 Xalapa, Ver.
Tel: (01-228) 129-5153
paulinas_xalapa@hotmail.com

TIJUANA, BAJA CALIFORNIA NORTE

Av. Paseo del Centenario No. 9671
Zona Río
C.P. 22010, Tijuana, B.C.
Tels: (01-664) 684-7563 y 685-0454
librería_tijuanario@paulinas.com.mx
librería_tijuanacentro@paulinas.com.mx

Pauline
BOOKS & MEDIA

Las Hijas de San Pablo tienen librerías en las siguientes localidades. También nos puede encontrar en www.pauline.org.